# NOUVELLE CONTRIBUTION

## A L'HISTOIRE DES

# PRIEURÉS CLUNISIENS

## EN ALSACE

PAR

**A. M. P. INGOLD**

ANCIEN PROFESSEUR D'HISTOIRE ET D'EXÉGÈSE.

# PUBLICATIONS DE L'ANNÉE 1893 :

(MÊMES LIBRAIRIES.)

**Une page de l'Alsatia sacra : Les prieurés clunisiens des diocèses de Bâle et de Strasbourg.** — In 8°.

**Voyage littéraire en Alsace de Dom Mabillon.** — In 12.

**Le Diarium de Bernard de Ferrette,** prieur de Murbach (en cours de publication dans la *Revue catholique d'Alsace*).

**Miscellanea alsatica** (première série : Un illustre Colmarien inconnu, Dom Grauter. — Note sur l'iconographie de Saint-Morand. — Un curé espion des armées du Roy 1741. — L'*Album amicorum* du piétiste strasbourgeois A. Meyer. — La confrérie du Rosaire à Colmar, 1484, etc, etc.) En cours de publication dans le *Journal de Colmar*.

## SOUS PRESSE :

**Miscellanea alsatica** (deuxième série : Voyages littéraires de bénédictins en Alsace : Mabillon, Ruinart, Calmet, Gerbert, Pitra.)

**Avant et après la sainte communion.** Méditations à l'usage de personnes pieuses, d'après un ancien auteur.

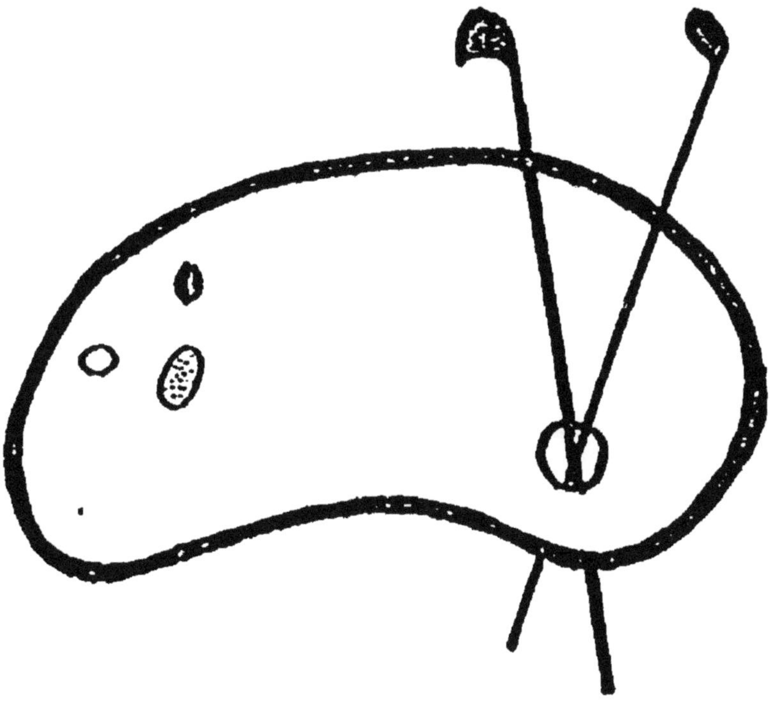

FIN D'UNE SERIE DE DOCUMENTS
EN COULEUR

# NOUVELLE CONTRIBUTION

## A L'HISTOIRE DES

# PRIEURÉS CLUNISIENS

## EN ALSACE

PAR

**A. M. P. INGOLD**

ANCIEN PROFESSEUR D'HISTOIRE ET D'EXÉGÈSE.



COLMAR
H. HUFFEL
*Place neuve, 8.*

PARIS
A. PICARD
*Rue Bonaparte, 82.*

1893

Rixheim (Alsace). — Imp. F. SUTTER & Cie.

## NOUVELLE CONTRIBUTION

À

# L'HISTOIRE DES PRIEURÉS CLUNISIENS

## D'ALSACE.

Il y a quelques années je me trouvais chez mon vénéré maître et ami, Mgr. Korum. Un jour que nous nous promenions avec un des membres les plus distingués du chapitre de Trèves, la conversation tomba sur les caractères particuliers de la science allemande, anglaise et française. L'excellent *Thumherr*, pour parler comme nos vieilles chartes alsaciennes, nous cita à ce propos un amusant apologue. On mit un jour au concours la description du chameau. Trois savants furent sur les rangs. Le premier, un Anglais, partit en toute hâte pour le Saharah, voulant étudier sur place les mœurs de l'intéressant quadrupède à deux bosses. De là il passa en Arabie, puis je ne sais où encore. Bref, il fit un voyage d'une année entière pour ramasser tous les matériaux de sa description, qu'il donna au public en deux gros volumes, bourrés de faits ramassés un peu partout, sans beaucoup de judiciaire, bondés de renseignements plus ou moins exacts, d'une lecture fatigante.

Le second savant qui était des bords « fleuris qu'arrose la Seine », se contenta de lire Buffon, puis quelques récits de voyageurs anciens et modernes et mit rapidement au jour une élégante brochure, finement et spirituellement écrite. Robe élégante, mais dessous peu solides. On y trouvait le résumé exact de tout ce que l'on avait écrit jusqu'alors sur le chameau, mais rien de plus.

Quant au troisième savant, *doctor* de je ne sais quelle université d'Outre-Rhin, il s'enferma dans son cabinet de travail, en boucha soigneusement portes et fenêtres, puis après quelques jours de profonde méditation, produisit une description du chameau qu'il avait tirée tout entière des profondeurs de sa conscience, *aus der Tiefe seines Selbstbewusstseins.*

Cette historiette m'est revenue à la mémoire pendant que je parcourais le gros volume que vient de publier le baronet sir G. F. DUCKETT sous le titre de *Visitations and Chapters general of the ordre of Cluni, in respect of Alsace, Lorraine..... from 1269—1529* [1]).

C'est bien là un spécimen des produits de la science anglaise : beaucoup de faits, mais enregistrés sans contrôle ; à peu près tout ce que l'on peut trouver sur une question, mais le tout sans ordre, formant une masse indigeste, jetée à la pâture des malheureux lecteurs, sans pitié pour leur estomac...

...rudis indigestaque moles.

Et, au milieu de ce chaos, pas même ce simple fil d'Ariane qu'on appelle une table des matières !

De cette masse informe je vais tâcher d'extraire ce qui intéresse notre Alsace, tout en relevant des inexactitudes fréquentes. L'éditeur-baronet cède ici le pas à son collègue du chameau : il n'est pas venu sur les lieux et commet de nombreuses erreurs d'identification qu'il importe de redresser.

Après une intéressante introduction historico-bibliographique, qui renseigne sur l'origine des documents publiés, — tous sont conservés à Paris dans diverses bibliothèques — l'ouvrage contient :

1° *La visite des maisons clunisiennes d'Allemagne, Suisse, Lorraine et Alsace en 1269.* L'auteur débute par une erreur en faisant de *Donna Maria* notre *Dannemaric* où jamais il n'y a eu de prieuré clunisien. Il ne peut être question que de Dannemarie en Comté [2]). Sir Duckett répète cette erreur chaque

[1]) London, printed for subscribers only, 1893. Grand in-8° de 400 pages.
[2]) Cf. TROUILLAT, I, 361.

fois qu'il est question de cette maison, c'est-à-dire une vingtaine de fois. Par contre voici bien deux maisons qui sont nôtres: *Froidefontaine* et *Thierbach* [1]. Mais le visiteur ne put y aller personnellement *propter guerras* et ne nous apprend rien de bien intéressant sur leur état.

2° *Seconde visite de 1269.* Il y est fait mention de l'état satisfaisant du prieuré de *Columbier.* Ici et plus bas [2]) l'auteur hésite sur l'identification et adopte tantôt Colombier près Vesoul, tantôt une localité du même nom près Neuchâtel: ce n'est ni l'un ni l'autre. Le texte de la *Bibliotheca cluniacensis*, que cependant l'auteur reproduit aussi, nous l'allons voir, prouve qu'il est ici question de *Colmar* [3]). La visite y mentionne trois moines, dont le prieur.

A *Thierbach* sont présents le prieur et un seul moine; à *Altkirch* [4]) ils sont quatre et la maison *magnum defectum habet in redditibus suis.*

3° *Troisième visite de 1269.*

*Feldbach.* L'auteur croit qu'il est question d'un monastère de Thurgovie. Mais le texte prouve qu'il s'agit du prieuré alsacien, car il dit que *curie, ville et omnia que poterant igne cremari sunt combustæ propter guerras comitum de* MONTEBLIGARDO *et de* PHIRETTO. Je demande ce que le comte de Ferrette et de Montbéliard pouvaient avoir à batailler sur les bords du lac de Constance, tandis que Feldbach était dans leurs domaines.

Cette visite nous apprend qu'il s'y trouvait à ce moment 33 religieuses.

4° *Visite de 1275.* A Thierbach, 3 moines; à *Rougemont* [5]), id.; à Froidefontaine, 2; à Altkirch, 4. Dans ce dernier prieuré *quidam miles* était chargé de l'administration. A Feldbach, 26 religieuses et deux moines comme aumôniers.

1) Il y a bien au sujet de Thierbach une nouvelle erreur, mais elle est corrigée dans l'*errata.*

2) Page 40.

3) Page 18. Autre erreur de cette page: l'identification de *Istein* avec *Erstein* où il n'y a pas eu de prieur clunisien. La *Bibliotheca cluniacensis* (citée p. 49) montre que c'est Istein du lac de Constance.

4) L'auteur place Altkirch près Ferrette et *Huningue*: c'est Hirsingue qu'il a voulu dire.

5) Ici il y a lieu d'hésiter avec l'auteur et rien ne prouve qu'il soit question du prieuré alsacien.

5° *Visite de 1276.* A Feldbach, 24 religieuses. Elles s'étaient quelque peu relâchées sans doute, car les visiteurs marquent que *prout melius potuimus, correximus que fuerunt specialiter corrigenda.*

A Froidefontaine le visiteur raconte que n'ayant plus de linge de laine, les deux moines usent de chemises de lin.

A Altkirch, constatation d'une fort triste situation. Le prieur [1]) *propter suam simplicitatem et impotentiam consulandi* avait pris pour procureur un soldat nommé H. Bachelier et lui avait loué pour quatre ans tous les biens de la maison. Or ce Bachelier, au mépris des conventions, ne payait point la dîme de Terre-Sainte : c'est pourquoi la maison était en interdit depuis un an et demi et le service divin ne s'y faisait plus.

A Thierbach, un incendie venait de détruire la moitié de la maison.

A Colmar [2]), le visiteur s'abstient de faire acte d'autorité, pour ne pas empiéter sur les droits de Payerne, mais il constate le bon état de la maison habitée par quatre clunisiens.

L'auteur publie ensuite, avec une traduction anglaise, l'extrait de la *Bibliotheca cluniacensis* [3]) qui concerne notre région. Puis il donne

6° une *visite de 1272* (on voit combien le livre est peu ordré). Cette visite ne mentionne que Froidefontaine [4]), sans détails intéressants.

7° *Visite de 1289.* Froidefontaine a toujours deux moines, Altkirch 6 : tout, cette fois, y est dans l'ordre, *fit helemosina.* Aussi l'interdit est levé et *due misse quotidie celebrantur.*

1) Etait-ce encore Frédéric de Ferrette, fils aîné d'Ulrich Ier ?

2) Toujours *Colombier* pour Duckett et cependant la mention de la dépendance de Payerne aurait dû lui indiquer qu'il était question de Colmar.

3) Paris, 1614, in-folio, Colon. 1741 et seq. Nous ne nous arrêtons pas à citer ces extraits d'un ouvrage connu.

4) Le *Rougemont* qui suit est bien celui de Lausanne, puisque le visiteur dit que le prieur habitait Payerne. Mais la note commet une erreur en ajoutant que Saint-Nicolas fut fondé par Frédéric et Renaud de Ferrette Cf. mes *Prieurés clunisiens*, p. 23, où j'ai aussi, pour le dire en passant, payé mon tribut à l'*Errare humanum est.* Une bienveillante communication de notre illustre compatriote M. Keller m'a fait observer que Saint-Nicolas est du canton de Rougemont et non de Giromagny ; que ce prieuré, ayant été fondé en 1093, devait avoir le 2e et non le 7e rang dans ma brochure ; enfin que Saint-Nicolas avait déjà été ruiné pendant la guerre de Trente-Ans.

8° *Visite de 1299.* L'un des deux visiteurs est le prieur de Colmar. A Feldbach ils trouvent 31 religieuses. Mais la maison est si pauvre que le prieur réside à Altkirch [1]). De plus, il n'y a aucunes provisions et les toitures sont si mauvaises que la pluie pénètre partout. Saint-Morand vient au secours de ces pauvres religieuses.

A Froidefontaine, où sont toujours deux nonnes, tout est en bon état.

9° *Visite de 1303.* L'un des deux visiteurs est le prieur d'Altkirch [2]). A Feldbach, la maison est en meilleur état avec le même nombre de religieuses. A Froidefontaine les clunisiens, étant trois, ont repris l'office de jour et de nuit. A Saint-Morand ils sont sept. A Thierbach est installé un soldat avec un moine gyrovague : le prieur promet de mettre promptement ordre à cette situation.

10° *Visite de 1324.* Même état pour Altkirch et Froidefontaine. A Thierbach, 2 moines ; 3 à Feldbach avec 24 religieuses.

Dans la visite de Payerne se lit un passage qui nous donne le nom d'un prieur (ou du moins d'un administrateur) de Saint-Pierre : *Cono de Busiz apud Columbarium* [3]), et plus loin ajoute qu'il s'y trouvait à ce moment 5 moines et 1 procureur.

Relevons aussi un passage sur Saint-Gilles : *domus S. Egidii, subditus priori Paterniaci, est spiritualiter et temporaliter in bo (no statu)*, et ce détail intéressant : « Il s'y trouve une chapelle qu'il ne faut pas appeler *très belle*, mais *somptueuse.* »

11° *Visite de 1335.* A Altkirch, 5 moines ; à Thierbach, 2 ; à Feldbach, 23 religieuses et 7 moines ; mais on y est peu d'accord et les visiteurs ont fort à faire pour calmer les esprits. L'abbé-général de Cluny est obligé d'intervenir, et l'ouvrage dont nous analysons les parties alsaciennes cite, p. 112-114, les deux *instrumenta* adressés au prieur de Feldbach.

12° *Visite de 1417-18.* A leur retour de Westphalie, les visiteurs s'arrêtent à Lauterbourg, pour lors du diocèse de Spire,

[1]) Ce qui prouve encore qu'il ne peut être question du Feldbach de Constance ; l'auteur le reconnaît du reste en note.

[2]) Malheureusement les visiteurs ne le nomment pas.

[3]) Les visiteurs ajoutent que *non ivit ad mansionem, ymo est in domo patris sui.* Mais on peut supposer que c'était une absence momentanée.

et font annoncer au monastère voisin de *Selz* leur prochaine arrivée. Mais Selz dépendait-il ou non de Cluny? L'abbé, le prieur et les religieux déclarent n'en rien savoir, laissent cependant les visiteurs commencer leur examen. Le lendemain ils sont d'un autre avis et protestent par devant notaire ne pas vouloir laisser continuer la visite jusqu'à ce que la question préalable soit tranchée [1]. Les visiteurs sont obligés de battre en retraite [2].

De cette extrémité de la Basse-Alsace ils se rendent jusqu'à la limite du diocèse de Bâle, à *Biesheim*, où ils trouvent le prieur, deux moines et un auxiliaire. Le pèlerinage, en l'honneur de saint Jean-Baptiste, est très fréquenté et le prieur a entrepris la construction d'une nouvelle église. Il a aussi restauré le prieuré et acquis une maison dans l'enceinte de Brisach où les visiteurs marquent qu'il va trop souvent. Les villageois se plaignent aussi de l'abandon où il laisse la chapelle de Saint-Nicolas.

De Biesheim les visiteurs se rendent directement à Bâle et renoncent à la visite des autres prieurés alsaciens, *propter longam moram quam feceramus.*

A la suite de cette visite se trouve le récit des fondations clunisiennes de Pologne. Nous le passons pour arriver à quelques autres.

13° *Visites du XVe siècle.* En 1400 à Feldbach les choses sont dans un triste état. Les religieuses (elles sont 24) ne chantent plus les matines, parce que dans le trajet de leurs chambres à l'église elles sont exposées à toutes sortes de dangers: *timent violari et injuriari in via per iniquos et inhonestos ac malos et destabiles homines ibidem degentes.* Du reste elles sont elles-mêmes bien relâchées: *incedunt inhoneste et in vestibus sicut seculares mulieres; multæ sunt de incontinentia diffamatæ.*

Un demi-siècle plus tard, en 1455, la situation est encore fort triste: *plura altaria destructa, certæ capellæ collapsæ, eccle-*

1) De fait, il paraît bien que Selz dépendit de Cluny au XIe siècle. Cf. le *Gallia* et *Grandidier-Liblin*, I, p. 385. — A la suite même de ce refus de visite, un commissaire du Saint-Siège trancha la question en faveur de Cluny et cette sentence resta en vigueur jusqu'à la sécularisation de l'abbaye.

2) Dom Ursmar Berlière, qui a le premier publié cette visite de 1417-18 dans les *Studien und Mittheilungen* (1891, tome XII), n'a pas pris garde qu'il s'agit non de Lauterbourg, où il n'y eut pas de Clunistes, mais de Selz.

*sia omnino ruinosæ.* On ne parle plus des religieuses, mais le prieur est accusé d'avoir soustrait *furtive certa bona mobilia.*

A Biesheim, en 1410, les deux habitants du prieuré sont très pauvres, mais du moins *sine culpa ipsorum.* A *Enschingen*[1]), en 1427, une femme a acheté le prieuré: les définiteurs la somment de s'en désister. L'année suivante on constate la nécessité de réparer l'église et la maison.

* * *

La deuxième partie de l'ouvrage, consacrée aux *Chaplers general*, nous arrêtera moins: il ne s'y trouve en effet que fort peu de détails concernant l'Alsace.

En 1259, l'évêque de Bâle occupe *violenter* la maison d'Altkirch où tout est en triste état *in spiritualibus et temporalibus.* De même l'année suivante. En 1261, c'est au tour du comte de Ferrette de s'emparer *per vim* de Saint-Morand.

En 1274, le chapitre général ordonne au prieur de Payerne d'envoyer deux moines de plus à Colmar. Le même chapitre cite le prieur de Thierbach pour une affaire qu'on n'explique pas.

En 1282 le prieur de Saint-Morand est blâmé au sujet de l'interdit dont sa maison a été frappée deux ans durant, comme nous l'avons déjà vu. Il est même révoqué, l'année d'après, toujours *propter malam administrationem.* On écrit au « Roi des Romains » pour se plaindre d'un certain *conversus alemanus* qui occupe violemment Thierbach.

En 1287, les moniales de Feldbach refusent de recevoir le prieur envoyé par l'abbé de Cluny et prétendent avoir le droit de le choisir elles-mêmes: elles sont rappelées à l'ordre.

A Thierbach, en 1297, le prieur est accusé de n'y avoir pas célébré la messe depuis dix ans. A Feldbach les religieuses persistent dans leur refus d'obéissance. L'année suivante les visiteurs font partir d'Altkirch un moine scandaleux, Regnaud de Bouclans.

En 1301, c'est de tous les moines de cette maison de Saint-Morand et en général de tout le pays, *in majori parti Alemaniæ,* que les visiteurs ont à se plaindre: les religieux ne se

1) S. Duckett en fait *Ensisheim* où il n'y a jamais eu de Clunistes.

lèvent pas pour matines, ne célèbrent pas les messes auxquelles ils sont obligés, etc.

En 1306 nous retrouvons, mais à Thierbach, ce Regnaud de Bottelans que les visiteurs avaient déjà fait partir de Saint-Morand. On l'accuse de vol, de faux, et par-dessus le marché, c'est un *meretricator, manifestus.* Aussi les visiteurs ordonnent-ils de se saisir de lui et le condamnent à la prison perpétuelle.

Le chapitre de 1312 nous fournit un détail intéressant : on y marque que le prieuré d'Altkirch a envoyé deux religieux *ad capellam de Rapolstein* [1]) *ad reformandum locum* C'est évidemment du petit Saint-Morand de Ribeauvillé qu'il est ici question. Le même chapitre a de nouveau à se plaindre de Feldbach où les religieuses refusent de chanter pendant la messe, sont divisées entre elles, désobéissent à leur prieur et vont jusqu'à l'injurier [2]). La situation s'aggrave à ce point que le chapitre suivant décide qu'on aura recours, pour rappeler à l'ordre les rebelles, au comte de Ferrette.

C'est le secours du même seigneur que l'on implore en 1315 pour s'opposer aux démarches faites par les « Franciscains, les Dominicains et les Augustins » qui veulent s'emparer du prieuré de Saint-Morand. Ce passage curieux s'explique fort bien par la malheureuse situation de la plupart de nos prieurés clunisiens à cette époque et le désir qu'avaient les supérieurs majeurs, l'évêque de Bâle sans doute, de remplacer des religieux dégénérés par les membres d'ordres nouveaux qui étaient dans toute la ferveur de leurs commencements.

Ajoutons cette réflexion qui servira de conclusion à ces notes. Par la force des choses, dans les temps troublés du moyen-âge, le relâchement s'était introduit dans beaucoup de maisons religieuses. Lorsque Cluny avait surgi, cette réforme sévère s'introduisit dans la plupart des monastères bénédictins. A son tour Cluny vient à végéter ; non pas au cœur, toujours plein de sève généreuse, de cet arbre gigantesque, mais aux extrémités lointaines de ses branches. Qu'arrive-t-il alors ? L'Eglise, qui s'est toujours réformée elle-même, non pas vio-

1) S. Duckett dit Rappolfstein (sic) *near* Ribeauvillé, ce qui est assez amusant, quelque chose comme : Londres *near* London.

2) Par contre à Kaltenbrunn la situation est meilleure : aucun sujet de plainte, on fait les aumônes, on s'occupe de nouvelles constructions.

lemment, *révolutionnairement*, comme le voudraient ses adversaires, comme le firent les révoltés du XVe siècle, mais patiemment, sagement, avec cette mesure que lui donne la conscience de sa force et la certitude de sa durée, l'Eglise encourage de son approbation des ordres nouveaux, mieux faits pour les nouveaux besoins des temps. Ainsi s'accomplit une fois de plus la promesse de Notre-Seigneur : *Les portes de l'enfer ne prévaudront point contre elle* [1]).

1) Ajoutons encore en note quelques faits postérieurs à cette tentative des religieux mendiants qui du reste n'aboutit pas.

En 1317 un moine *brigosus et rixosus* et de plus ne pouvant confesser les religieux, parce qu'il ne savait pas l'allemand, est expulsé de Feldbach.

En 1321 pareille affaire à Froidefontaine et nouvelles plaintes contre Feldbach répétées en 1539.

Altkirch en 1325 a beaucoup souffert *propter oppressiones multas factas per Hispanum ducem Austriæ.* Aussi cette maison est-elle en décadence et n'a plus en 1379 que quatre habitants.

Une troisième partie du livre, intitulée *Record-Evidence* contient quelques pièces justificatives. Entre autres documents alsaciens, relevons-y seulement une lettre du prieur de Thierbach, Burckard, s'excusant sur la faiblesse de sa santé de ne pas venir au chapitre général, 1351 (S. Duckett dit 1300, ce qui est une erreur); une lettre de Conrad Hüttlin, prieur de Feldbach, 1500, qui, cité à Cluny, demande à se justifier devant l'évêque de Bâle; et une lettre de Wolfgang, comte de Fürstenberg, en faveur du même, 1509. Enfin à la mort de Hüttlin, une lettre de Christophe, évêque de Bâle, proposant à l'abbé de Cluny de le remplacer par le frère Pierre Brüder, sous-prieur de Saint-Alban, 1517.

www.ingramcontent.com/pod-product-compliance
Ingram Content Group UK Ltd.
Pitfield, Milton Keynes, MK11 3LW, UK
UKHW032040260826
14628UKWH00007B/3091

9 782016 124024